BEI GRIN MACHT SIC
WISSEN BEZAHLT

- Wir veröffentlichen Ihre Hausarbeit, Bachelor- und Masterarbeit

- Ihr eigenes eBook und Buch - weltweit in allen wichtigen Shops

- Verdienen Sie an jedem Verkauf

Jetzt bei www.GRIN.com hochladen und kostenlos publizieren

Florian Kurtz

Wiederverwendung von IT-Architekturen

Reverse Engineering

GRIN Verlag

Bibliografische Information der Deutschen Nationalbibliothek:

Die Deutsche Bibliothek verzeichnet diese Publikation in der Deutschen National-bibliografie; detaillierte bibliografische Daten sind im Internet über http://dnb.d-nb.de/ abrufbar.

Impressum:

Copyright © 2012 GRIN Verlag GmbH
Druck und Bindung: Books on Demand GmbH, Norderstedt Germany
ISBN: 978-3-656-33513-9

Dieses Buch bei GRIN:

http://www.grin.com/de/e-book/205442/wiederverwendung-von-it-architekturen

Wiederverwendung von IT-Architekturen
Reverse Engineering

Assignment
im Modul MIP03 – Architekturen arbeitsteiliger Softwareentwicklung

Inhaltsverzeichnis

Abbildungsverzeichnis

Abkürzungsverzeichnis

Abb.	Abbildung
et al.	et alia
IT	Information und Telekommunikation
usw.	und so weiter
Vgl.	Vergleich
z.B.	zum Beispiel

1 Einleitung

Durch eine immer heterogenere und größer werdende Software-Landschaft und der dadurch verbundenen immer komplexer werdenden Software-Architektur in Unternehmen, sind die Forderungen nach Maßnahmen, wodurch die Kosten und die Risiken der Softwarepflege und –änderung minimiert werden können, nachvollziehbar.[1]

Ein weiteres Problem in Hinsicht auf die Softwarepflege und –änderung stellt das oft durch schlechte Dokumentation oder durch Fluktuation verloren gegangene Know-How bezüglich bestehender Software-Architekturen und –System dar. [2]

Durch die oben genannten Aspekte ist es leicht vorstellbar, dass ohne die nötige Dokumentation und das notwendige Wissen eine Weiterentwicklung und Wartung der vorhandenen Software-Architektur nur sehr schwer möglich ist. Hierbei soll das Software Reengineering bzw. das Reverse Engineering helfen, das verloren gegangene Wissen wieder in die Unternehmung zurückzubringen um dadurch historisch gewachsene Software-Architekturen wieder beherrschbar zu machen.

Aus diesem Grund beschäftigt sich dieses Assignment mit dem Thema Software Reengineering und der Wiederverwendung von Software-Architekturen. Im Speziellen soll hier das Reverse Engineering und dessen Methoden betrachtet werden.

---

[1] Vgl. Kopacek, P. et al., 2004, S. 134
[2] Vgl. Reussner, R. et al.,2009, S. 226

1.1 Zielsetzung

Das Ziel dieses Assignments ist es, einen Überblick über die Methoden des Software Reengineerings zu geben, im speziellen des Reverse Engineerings. Hierbei soll vor allem auf die Wiederverwendung von Software-Architekturen eingegangen werden.

Des Weiteren wird ein kurzer Einblick über die Methoden und Prozesse des Reverse Engineerings gegeben.

2 Software-Architektur

In diesem Kapitel soll als kurze Einführung der Begriff Software-Architektur definiert und eingeordnet werden, um ein grundlegendes Verständnis für dieses Assignment zu erlangen.

Des Weiteren wird eine kurze Motivation gegeben aus welchen Gesichtspunkten Software-Architekturen in Unternehmen von Bedeutung sind.

2.1 Definition Software-Architektur

Im Buch Software Architekturen für verteilte Systeme von Schahram Dustdar wird der Begriff Softwarearchitektur wie folgt definiert:

„Die Softwarearchitektur eines Programms oder eines Softwaresystems ist die Struktur des Systems, welche die Software-Komponenten, das extern sichtbare Verhalten dieser Komponenten und die Beziehung dieser Komponenten umfasst."[3]

Für dieses Assignment wurde diese Definition gewählt, da diese kurz und prägnant auf den Punkt bringt, dass eine Softwarearchitektur die einzelnen Softwarekomponenten beinhaltet und durch Kenntnis der Beziehung der einzelnen Komponenten die eigentliche Softwarearchitektur eines Unternehmens entsteht.

---

[3] Dustdar, S. et al., 2003, S. 43

Genau diese Kenntnis der Funktionsweise und Beziehung der einzelnen Soft-warekomponenten sind oft nicht oder in einem geringen Maße vorhanden und stellen damit die Grundlage für die Notwendigkeit des Software Reengineerings dar.

In Abbildung 1 sind die vier Hauptfaktoren zu sehen, warum in mittelständi-schen- und Großunternehmen immer mehr versucht wird über Architekturen nachzudenken. Durch eine Kenntnis der Architektur in einem Unternehmen las-sen sich Folgeprojekte oft kostengünstiger und mit einem geringeren Risiko durchführen. Außerdem kann die weiterentwickelte Software durch die Festle-gung einer Architektur oft Skalierbarer, Performanter und Wartbarer gestaltet werden. [4]

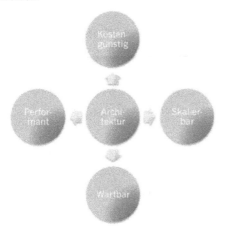

Abbildung 1: Ziele einer Software-Architektur[5]

2.2 Einordnung Software-Architektur

Der Architekturaufbau einer Unternehmung soll Abbildung 2 veranschaulichen. Hier ist zu sehen, das es mehrere Architekturen in einem Unternehmen gibt, die jeweils voneinander abhängig sind.

---

[4] Vgl. Dustdar, S. et al., 2003, S. 43
[5] Eigene Darstellung in Anlehnung an Dustdar, S. et al., 2003, S. 43

Die Geschäftsarchitektur steht an oberster Stelle und gibt die Ziele und die Kerngeschäftsfelder einer Unternehmung wieder. Diese Ziele werden durch die darunter angesiedelte Prozessarchitektur und deren Geschäftsprozessen unterstützt. Diese Geschäftsprozesse sollen in vielen Fällen eine Automatisierung und Standardisierung wieder geben, die heutzutage durch die IT-Architektur, bestehend aus der Softwarearchitektur und der Hardwarearchitektur umgesetzt wird.

Abbildung 2: Einordnung Software-Architektur[6]

Wie im vorherigen beschrieben, leitet sich die Softwarearchitektur von anderen Architekturen ab und hat damit einen unterstützenden Charakter. Allerdings nimmt sie durch die immer höher werdende Automatisierung einen zentralen Stellenwert in heutigen Unternehmen ein.

Um den ständigen Wandel hinsichtlich der Architekturen, die heutzutage in Unternehmen vorherrschen zu veranschaulichen, wurde von mir über die Architekturpyramide der Management-Zyklus von Deming gelegt.
Dieser soll einerseits darstellen, das auch Architekturen egal welcher Art, sich ständig den aktuellen Marktbedürfnissen anpassen müssen und zum anderen

---

[6] Eigene Darstellung

die Motivation aufzeigen die Unternehmen haben, bestehende Architekturen wiederzuverwenden. Ohne eine Wiederverwendung könnte ansonsten durch die vielen Veränderungen ein auf Dauer lauffähiges und geschäftsprozessunterstützendes System nicht mehr gewährleistet werden.

2.3 Wiederverwendung von Software-Architekturen

Warum in Unternehmen die Wiederverwendung von Architekturen ein wichtiges Thema ist, wird an den Gesetzen von Lehman deutlich. Lehman stellte insgesamt acht Gesetze auf, nachfolgend die beiden hier relevanten Gesetze:

Das erste Gesetz von Lehman

Software, welche in einer realen Umgebung benutzt wird, muss verändert werden oder sie wird nach und nach unbrauchbar.[7]

Das zweite Gesetz von Lehman

Bei der Weiterentwicklung einer Software wird deren Struktur immer komplexer, falls keine Maßnahmen ergriffen werden um dies zu vermeiden.[8]

Durch die hier beschriebenen Gesetze wird deutlich, das die Wartung und die Weiterentwicklung von Software und deren Architektur von entscheidender Bedeutung für Unternehmen ist.

Hierbei spielt die Wiederverwendung von Software-Architekturen eine wichtige Rolle. Denn nur durch Wiederverwendung kann sichergestellt werden, dass eine effektive und effiziente Weiterentwicklung in Unternehmen stattfinden kann. Dies wird an folgenden zwei Faktoren deutlich:

Das Risiko gemindert wird

Wiederverwendbare Softwarekomponenten müssen nicht neu entworfen, entwickelt und getestet werden.[9]

---

[7] Vgl. Spies, T., 2010, S. 125
[8] Vgl. Spies, T., 2010, S. 125
[9] Vgl. Gernot, S., 2011, S. 218

Kosten und Zeit gespart werden

Neuentwicklung von Komponenten ist grundsätzlich mit Risiken behaftet. Durch die Wiederverwendung von Komponenten können die Risiken gemindert werden.[10]

3 Software-Reengineering

3.1 Definition Software-Reengineering

Goebbels definiert Software-Reengineering in seinem Buch „Geschäftsprozess – FMEA" wie folgt:

„Software-Reengineering ist die Untersuchung und Veränderung eines gegebenen Softwaresystems mit dem Ziel, dieses System in einer neuen Form und ggf. unter neuen Anforderungen darzustellen und zu implementieren."[11]

Nach dieser Definition wird jede Aktivität als Software-Reengineering verstanden, die das Verständnis von Software verbessert oder die Software hinsichtlich ihrer Wartbarkeit, Wiederverwendbarkeit oder Erweiterbarkeit vorbereitet und verbessert.[12]

3.2 Methoden Software-Reengineering

Wie im vorherigen Abschnitt besteht das Software-Reengineering aus mehreren Verfahren, die hier kurz eingeführt und definiert werden sollen. Hierbei werden nur die wichtigsten drei Verfahren berücksichtigt (Forward Engineering, Reverse Engineering und Refactoring). Eine Übersicht hierzu stellt Abbildung 3 dar.

---

[10] Vgl. Gernot, S., 2011, S. 218
[11] Goebbels, S. et al., 2004, S. 31
[12] Vgl. Goebbels, S. et al., 2004, S. 31

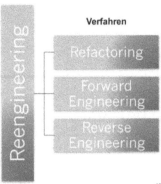

Verfahren

Abbildung 3: Methoden des Software-Reengineerings[13]

Forward Engineering

„Forward Engineering ist der Prozess, der von den Arbeitsergebnissen einer Projektphase zu den Arbeitsergebnissen einer späteren Projektphase führt."[14]

Refactoring

„Refaktorisieren ist der Prozess, ein Software-System so zu verändern, dass das externe Verhalten nicht geändert wird, der Code aber eine bessere interne Struktur erhält."[15]

Reverse Engineering

„Reverse Engineering ist ein Prozess, bei dem ein gegebenes Softwaresystem analysiert wird um

- die Softwarekomponenten und ihre Beziehungen untereinander zu ermitteln,
- Darstellungen des Systems in einem höheren Abstraktionsgrad zu gewinnen."[16]

Aus den vorstehend genannten Definitionen der einzelnen Methoden geht hervor, das sich das Refactoring ausschließlich mit der Verbesserung von einzel-

---

[13] Eigene Darstellung in Anlehnung an Goebbels, S. et al., 2004, S. 30ff.
[14] Goebbels, S. et al., 2004, S. 30
[15] Reussner, R., 2009, S. 189
[16] Goebbels, S. et al., 2004, S. 31

nen Programmcode abschnitten beschäftigt, während die eigentliche Funktionalität der Software unangetastet bleibt.

Beim Reverse Engineering werden die Software-Komponenten analysiert und auf eine höhere Abstraktionsebene überführt. Diese Erkenntnisse fließen dann innerhalb des Forward Engineerings wieder in die überarbeitete Software-Komponente mit ein. Damit kann festgehalten werden, dass Software Reengineering meistens aus einem Anteil Reverse Engineering und einem Anteil Forward Engineering besteht. Eine Übersicht hierzu stellt Abbildung 4 dar.

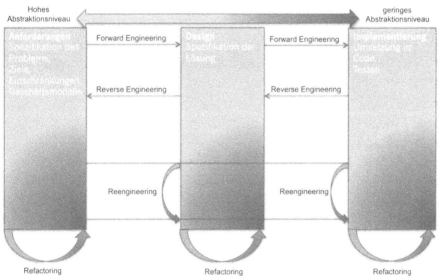

Abbildung 4: Einordnung Reverse Engineering[17]

[17] Eigene Darstellung in Anlehnung an Chikofsky, E. J. et al., 1990, S. 14

4 Reverse Engineering

4.1 Vorgehen beim Reverse Engineering

Das wichtigste Ziel des Reverse Engineering ist die Verbesserung des Verständnisses eines bestehenden Systems (Legacy Systems). Dieses Verständnis des Systems ist sowohl für die Maintanance als auch für die Entwicklung wichtig. [18]Die Vorgehensweise wird in Abbildung 5 systematisch dargestellt. Hier wird deutlich, das dass Reverse Engineering und Forward Engineering eng mit der Softwareentwicklung und deren Phasen zusammenhängt. Zuerst wird per Reverse Engineering ein existierendes System auf ein höheres Abstraktionsniveau gebracht. Durch das dort entstandene Wissen über das System können Funktionen überdacht und neu gestaltet werden. Schlussendlich werden die neuen Anforderungen per Forward Engineering in ein Zielsystem überführt.

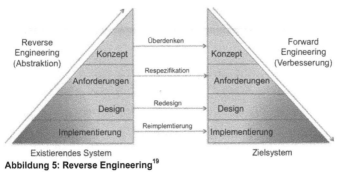

Abbildung 5: Reverse Engineering[19]

Die wichtigsten Tätigkeiten im Reverse Engineering sind:

- Die Auseinandersetzung mit der Komplexität eines Legacy Systems erfolgt mittels Methodik und automatisierter Tools. Dabei versucht man die wichtigsten Informationen aus einem System herauszufiltern.
- Graphische und nicht-graphische Darstellungen eines Systems werden durch Tools erzeugt. Dabei sollen Reverse Engineering Tools alternative Views erzeugen können.

---

[18] Vgl. Liebhart, D., 2007, S. 223
[19] Eigene Darstellung in Anlehnung an o.V. 2012a

- Im Lebenszyklus eines Systems werden selten sämtliche Änderungen nachdokumentiert. Informationen gehen verloren, insbesondere wenn sie auf einer abstrakteren Ebene des Source Codes ein System beschreiben sollen. Diese Informationen müssen innerhalb des Reverse Engineerings wieder gewonnen werden.
- Ein initiales Design, welches nicht nachvollziehbar durchgeführt worden ist und viele nacheinander eingeführte Änderungen an einem System können den Gesamtzustand eines Legacy System beeinflussen. Reverse Engineering hat zum Ziel diese Nebeneffekte aufzuspüren bevor die Nutzer des Systems sie melden.
- Aus verschiedenen alternativen Views werden abstraktere Abbilder des Systems erzeugt, um das Gesamtverständnis zu fördern.
- Reverse Engineering soll dabei helfen Kandidaten für die Wiederverwendung zu isolieren und zu bewerten.[20]

4.2 Prozess des Reverse Engineerings

Im Reverse Engineering können vier Prozessschritte unterschieden werden. Parsen, Komponentenanalyse, Design Recovery und Design Reconstruction. Abbildung 6 stellt diese jeweils mit ihrem benötigten Input (links) und dem erbrachten Output (rechts) übersichtlich dar.

Nachfolgend werden die vier Prozessschritte noch einmal genauer erläutert.

---

[20] Vgl. Liebhart, D., 2007, S. 223f.

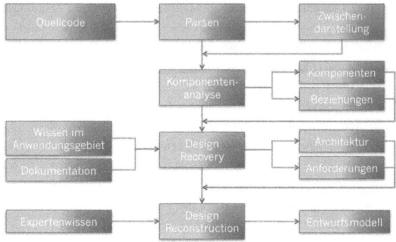

Abbildung 6: Prozess des Reverse Engineerings[21]

Parsen

Im ersten Schritt wird die Struktur des Quellcodes analysiert, seine wesentlichen Bestandteile extrahiert und eine Zwischendarstellung (abstrakter Syntaxbaum) abgeleitet. [22]

Komponentenanalyse

In dieser Phase werden aufbauend auf der Zwischendarstellung des Programmcodes Entwurfskomponenten (Module, Klassen) sowie Beziehungen zwischen diesen (z.B. Aufrufstrukturen) explizit herausgestellt. [23]

Design Recovery

Diese Phase beschäftigt sich mit der Extraktion von Wissen über ursprüngliche Anforderungen und größerer Zusammenhänge über die Struktur des Systems aus der vorhergehenden Phase. Dazu werden externe Wissensquellen in die Analysen einbezogen. [24]

---

[21] Eigene Darstellung in Anlehnung an Chang, S.K., 2002, S. 447ff.
[22] Vgl. Chang, S.K., 2002, S. 447ff.
[23] Vgl. Chang, S.K., 2002, S. 447ff.
[24] Vgl. Chang, S.K., 2002, S. 447ff.

Design Reconstructing

In einer abschließenden Phase werden die bereits erreichten Ergebnisse geschärft und von „Rauschen" befreit. Spezifikationen und Systemmodelle werden weiter ab-strahiert und miteinander integriert. [25]

Wie hier sehr schnell deutlich wird, können einzelne Schritte wie z.B. das Parsen im Reverse Engineering, automatisiert ablaufen. Allerdings stößt die Automation spätestens bei der Design Recovery an ihre Grenzen, da hierzu Fachwissen aus dem jeweiligen Anwendungsgebiet nötig ist, um die Architektur eines Systems wiederherzustellen.

Durch die nicht vollständige Möglichkeit der Automatisierung kann Reverse Engineering zu einem sehr kostspieligen und ressourcenraubenden Prozess für Unternehmen werden.

4.3 Methoden des Reverse Engineerings

Die beiden wichtigsten Methoden im Reverse Engineering, die dazu verwendet werden Maschinencode in eine höhere Abstraktionsebene, bzw. in eine vom Menschen lesbare Programmiersprache zu übersetzen, sind Decompiling und Disassembly.

Der Prozess dieser beiden Methoden wird in Abbildung 7 graphisch dargestellt.

---

[25] Vgl. Chang, S.K., 2002, S. 447ff.

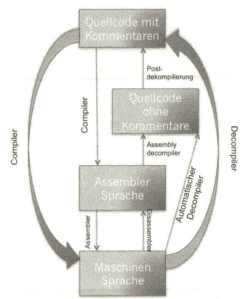

Abbildung 7: Prozess Decompiling/Disassembly[26]

Decompilation

Ein in Maschinensprache verfasstes Programm wird in einen High-Level-Code in einer höheren Abstraktionsebene umgewandelt.[27]

Disassembly

Ein in Maschinensprache verfasstes Programm wird in einen High-Level Code (Assembler-Code) verfasst der von einem Menschen lesbar ist.[28]

---

[26] Eigene Darstellung in Anlehnung an o.V. 2012a
[27] Vgl. 2012a
[28] Vgl. 2012a

4.4 Probleme des Reverse Engineerings

Beim Reverse Engineering können folgende Probleme auftreten:

- Reverse Engineering muss mit unvollständigen, mehrdeutigen oder unscharfen Informationen umgehen.
- Keine Vollautomatisierung möglich, da stets Fachwissen aus dem Anwendungsbereich nötig ist.
- Es kann nicht herausgefunden werden, ob eine Codezeile des Programms wirklich jemals ausgeführt wird.
- Urheberrechtsfragen – Darf die Software überhaupt dekompiliert werden?
- Sehr hoher Ressourcen- und Kostenaufwand

5 Zusammenfassung

Zusammenfassend lässt sich sagen, das Reverse Engineering mit seinen Methoden und Verfahren ein wichtiger Bestandteil in Unternehmen geworden ist, um bestehende Systeme zu analysieren und dadurch überhaupt erst die Möglichkeit zu erlangen diese in einer performanten und wartbaren Weise weiterzuentwickeln.

Durch das Reverse Engineering wiedererlangte Wissen über die einzelnen Software-Komponenten und deren Beziehungen zueinander können Unternehmen erst eine genauere Aussage und Planung bezüglich der Softwarearchitektur anstellen.

Durch die Wiederverwendung dieser Softwarekomponenten und –architekturen können Entwicklungsprojekte in Unternehmen oft kostengünstiger und mit einem minimierten Risiko durchgeführt werden.

Allerdings ist Reverse Engineering kein automatisierter Prozess, da dieser um genaue Aussagen bezüglich Verwendung und Beziehung zwischen den Software-Komponenten zu machen immer auch externes Wissen bzw. Fachwissen benötigt. Dadurch stellt sich Reverse Engineering als ein oft sehr ressourcenraubender und damit teurer Prozess dar. Der deshalb nur für die wirklich wichtigen und entscheidenden Prozesse (Kernprozesse) in einem Unternehmen eingesetzt werden sollte.

5.1 Ausblick

Ausblickend lässt sich sagen, dass Reverse Engineering in Zukunft in Unternehmen immer weiter an Bedeutung gewinnen wird. Dies liegt daran, das es in Unternehmen sehr viele Altsysteme gibt, bei denen die Mitarbeiter oder Berater nicht mehr greifbar sind und damit wichtiges Know-How dem Unternehmen verloren ging.
Dieses Wissen möchte man in Zukunft wieder zurückgewinnen, um die Softwarekomponenten auf den aktuellen Stand der Technik zu bringen.

Literaturverzeichnis

Chang, S. K.; (2002): Handbook of Software Engineering & Knowledge Engineering, 2. Auflage Singapur: World Scientific Publishing Co. Pte. Ltd..

Chikofsky, E. J.; Cross, J. H.; (1990): Reverse Engineering and Design Recovery – A Taxonomy, 1. Auflage: IEEE Software.

Dustdar, Schahram; Gall, Harald; Hauswirth, Manfred; (2003): Software-Architekturen für verteilte Systeme – Prinzipien, Bausteine und Standardarchitekturen für moderne Software, 1. Auflage Heidelberg: Springer Verlag.

Goebbels, Stefan; Rüdiger, Jakob; (2004): Geschäftsprozess – FMEA - Fehlermöglichkeits- und Einfluss-Analyse für IT-gestütze Geschäftsprozesse, 1. Auflage Düsseldorf: Symposion Publishing GmbH.

Kopacek, Peter; Zauner, Martin; (2004): Leitfaden der technischen Informatik und Kommunikationstechnik, 1. Auflage Wien: Springer Verlag.

Liebhart, Daniel; (2007): SOA goes real – Serviceorientierte Architekturen erfolgreich planen und einführen, 1. Auflage München: Carl-Hanser Verlag.

o.V. 2012a; Decompilation and Reverse Engineering, abgerufen am: 18.10.2012 unter:http://www.program-transformation.org/Transform/ DecompilationAndReverseEngineering.

Reussner, Ralf; Hasselbring, Wilhelm; (2009): Handbuch der Software Architektur, 2. Auflage Heidelberg: dpunkt.verlag GmbH.

Spies, Thorsten; (2010): Generische Architektursichten – Erzeugung und Visualisierung kontextspezifischer Sichten am Beispiel serviceorientierter Architekturen, 1. Auflage Wiesbaden: Gabler Verlag.

Starke, Gernot; (2011): Effektive Softwarearchitekturen – Ein praktischer Leitfaden, 5. Auflage München: Carl-Hanser Verlag.